Little SantOs

"Against All Odds"

SantOs vallejO

ISBN: Softcover   978–1–5035–9465–4
        Hardcover   978–1–5035–9464–7
        EBook   978–1–5035–9463–0

Print information available on the last page

Rev. date: 08/17/2015

To order additional copies of this book, contact:
Xlibris
1–888–795–4274
www.Xlibris.com
Orders@Xlibris.com

– El pequeño Santos era bajo y chiquito en el tercer grado de escuela.

Little Santos was short and small, in 3rd grade.

– Otros niños le hacían burla porque él no era alto. Pero así es como el había sido hecho.

Other kids would make fun of him because he was not tall. This is how he was made.

—"Todos somos diferentes, no hay dos iguales, nada más se tú mismo y estarás bien, no te quejes" era lo que su mama le decía todo el tiempo.

"Everyone's different, no two are the same. His mother would always tell him, "Don't complain." Just be you and you'll be fine.

– El pequeño Santos tenía un problema con aprender cosas. Él no podía leer a la edad de nueve años. Pero, el insistió, y siguió y siguió tratando y pedía ayuda vez tras vez.

Little Santos was labeled with a learning disability. He couldn't read at age 9, but he persisted and wouldn't stop trying. He asked for help time and time again.

–"Yo no se mucho leer," decía, su mama. Ella se sentía avergonzada y desesperada.

"I don't know much about reading," his mother said. She felt helpless and ashamed.

−"Ya debes de saber esto!" le decía su mejor amigo al regañarlo.

"You should know this by now" his best friend said as he scolded him.

—"No me molestes, estoy haciendo mi tarea!" Le decía su hermana todo el tiempo.

"Don't bother me, I'm doing my homework!" His sister always said.

–"Él no va hacer nada más que un barrendero un día de estos" era el comentario que un maestro le dijo.

"He's going to be a janitor someday," was a comment one teacher made.

– El pequeño Santos lloraba y oraba, "Señor por favor ayúdame ahora. Dame el cerebro que tiene Timmy para yo poder leer libros y igual que él. Ya no quiero tener el problema de no poder aprender. Nada más quiero ser normal. Hay esa posibilidad?"

Little Santos cried in prayer, "Dear God please help me now. Give me the brain that Timmy has so I can read books the same as he. I don't want to have a learning disability. I just want to be normal. Is there such a possibility?"

—Con el tiempo el pequeño Santos fue creciendo y creciendo bien rápido y más rápido cada año.

Slowly but surely little Santos grew taller, faster and faster each year.

– El conoció a unos maestros amables mandados por Dios queatra vez de los años le ayudaron a vencer sus temores.

He met some friendly God sent teachers that helped him overcome his fears.

—Llego la graduación por fin, y el pequeño Santos estaba emocionado. Que haría él? En que se convertiría? Él estaba encantado con todas las posibilidades.

Graduation finally arrived and little Santos was excited. What would he do? What would he become? He was delighted at all the possibilities.

—Los sueños del pequeño Santos fueron derrotados. Le habían dicho que nada más podía trabajar como barrendero porque tenía un problema de no poder aprender.

Little Santos' dreams were crushed. He was told he could only work as a janitor because he had a learning disability.

—Pero él se negó a creer eso y le seguía orando a Dios.
"Que no hay más posibilidades?"

He refused to believe what he was told and kept praying to
God. "God, are there other possibilities?"

– Entonces cuando, se sentía inseguro de todo en su vida, el pequeño Santos tomo la oportunidad de tomar un examen para ser bombero. Aun cuando, él se sentía chiquito como una hormiga al lado de todos los demás, él estaba determinado a presentar el examen.

Just then, as uncertain as everything in his life, little Santos took a chance. He decided he wanted to be a firefighter. Although, he felt as small as an ant standing next to everyone else, he was determined to take the test.

—Súbete a esa escalera, apaga ese fuego, lleva esa manguera para allá, el pequeño Santos lograba cada reto vez tras vez.

Run up that ladder…put out that fire…carry that hose across the lot…little Santos marched on and on.

—Después el jefe le dijo, "Hoy, Tomas el examen final." El pequeño Santos empezó a sudar porque él sabía que no leía tan bien como todos los demás. Le pidió a Dios, "Por favor ayúdame a pasar este examen."

The lieutenant said, "Today you take the final exam." Little Santos began to sweat because he knew his reading was not as good as everyone else. He pleaded to God, "Please help me pass the test."

– El pequeño Santos brinco de alegría cuando vio los resultados de su examen. El jefe le dijo, "Muchacho, este es la mejor calificación en un examen!"

Little Santos jumped up for joy when the results of the test were announced. The lieutenant exclaimed, "Oh boy, by far this is the best!"

El pequeño Santos empezó a trabajar y llevaba su uniforme con orgullo. Él estaba listo para su primer incendio y su primer viaje en un camión de bomberos.

Little Santos was hired, and wore his uniform with pride. He was ready for his first fire and his first fire truck ride.

Printed in the United States
By Bookmasters